Viver com fé

Este livro foi revisado segundo o Novo Acordo Ortográfico da Língua Portuguesa.

EQUIPE GNT

Diretora geral
Daniela Mignani

Gerente de marketing
Mariana Novaes

Coordenadora de marketing
Priscila Moherdaui

Assistente de marketing
José Gil Moreira

Revisão
Tiago Ramos

Projeto gráfico (capa e miolo) e diagramação
Rafael Nobre / Babilonia Cultura Editorial

CIP-BRASIL. CATALOGAÇÃO-NA-FONTE
SINDICATO NACIONAL DOS EDITORES DE LIVROS, RJ

G977v
Guimarães, Cissa
Viver com fé: inspirações para o dia a dia / Cissa Guimarães, Patricia Guimarães. -
1. ed. - Rio de Janeiro : Casa da Palavra, 2014.
112 p. : il. ; 18 cm.

ISBN 978-85-7734-439-0

1. Técnicas de auto-ajuda. 2. Espiritualidade. I. Guimarães, Patricia. II. Título.

14-17026 CDD: 158.1
CDU: 159.947

CASA DA PALAVRA PRODUÇÃO EDITORIAL

Av. Calógeras, 6, 701 – Rio de Janeiro – RJ – 20030-070
21.2222 3167 21.2224 7461
divulga@casadapalavra.com.br
www.casadapalavra.com.br

Cissa Guimarães
Patricia Guimarães

Viver com fé

Inspirações para o dia a dia

gnt
SAMBAFILMES
Casa da Palavra

fé na vida

aceitação

viver com fé

caminhar com fé

fé nos encontros

fé e alegria

fé na vida

Sempre acreditei que tem algo do invisível que nos rege, que nos leva por esses caminhos, nos ajudando a aceitar, a reconhecer e a lutar. Um invisível que para alguns é indizível, mas que para mim sempre pode ser chamado de fé. Fé na vida, fé na gente, fé no amor, fé em

Deus.

A fé te faz juntar, agregar, desvendar, realizar.

Te faz querer buscar todo e qualquer elo entre você e ela.

A fé nos move.

Todos os dias eu acordo com fé.
Todos os dias eu percebo que a fé
pode se manifestar de variadas maneiras
e nos conduzir pelos mais inusitados

caminhos.

Acreditar no que não vejo é difícil
para mim. Aliás, creio porque não
vi. Porque Deus não se revela na
concretude do que é visível, tangível.
Ele se revela em atos

!

“Segundo a Bíblia,
a fé é a certeza daquilo
que esperamos e a prova das
coisas que não vemos.”

HEBREUS, 11:1

Todas essas formas de fé que vivem
ao nosso redor estão prontas para nos apoiar,
ao alcance das mãos de quem

acredita.

A fé é uma sensação que
vem de Deus diretamente
para cá, para nós, para
o mundo real. E vai
enchendo nosso dia a dia
de mistérios. Por que não
aceitar que eles estão por
aqui? Entre nós

?

Com fé podemos buscar curas, enfrentar
os medos, superar as perdas; com fé podemos
vencer obstáculos, acreditar no

inacreditável

e ser feliz na vida!

A fé é como um vento que enche
a sua vela e faz o seu barco avançar

Às vezes o desafio
não está no outro,
às vezes ele está
dentro de você.

Não importa quem, não importa como, ter fé é ter a certeza: tem alguém que nos ajuda e que está sempre perto da gente, muito perto!

A fé não nos tira
da luta do dia a dia
do mundo de cá,
mas nos dá sempre
muita força pra lutar.

Com fé passamos pelos momentos difíceis acreditando na generosidade de Deus e do outro. Quando temos fé não ficamos presos nem na tristeza nem na quantidade de sofrimento. Para compreender as coisas do sofrimento precisamos desenvolver

sabedoria e generosidade.

Dividir uma dor é também multiplicar

fé.

Na vida temos sempre que escolher caminhos, e quando temos a certeza de que essas escolhas também são guiadas pelo que não vemos, seguimos esses caminhos sem medo de pra onde eles nos levarão.

Talvez os deuses,
os santos e os anjos
sejam muitos,
mas a fé é uma só.

"Quem tem fé aprende a confiar na vida e no coração. Se acontece alguma coisa difícil, eu vou aprender com aquilo, crescer e seguir vivendo. A fé é uma ligação com o mistério, que não sabemos qual é, mas que está lá."

ALCIO BRAZ

"Quero sentir, não quero entender. Estou com 65 anos, minha cabeça está com tanta palavrinha, tanta coisa, não quero entender nada. Quero sentir."

MARIA BETHÂNIA

"Eu cada vez me desprendo mais de mim mesmo. Cada vez quero saber menos o que sou, o que significo, o que importo para os outros. Cada vez mais me atribuo menos importância. Então a interiorização de Deus vai junto com isso. É aí que está Deus: para mim exatamente onde já se diluíram quase todas as possibilidades de individualizações." **GILBERTO GIL**

"Eu tenho fé na vida. É a única coisa que a gente tem para acreditar, está aí, nos cerca através das outras pessoas, dos animais. Através do mundo vegetal, o mundo inorgânico, a lua, o sol que a gente sente, o vento que sopra e a gente não vê, mas ouve. Toda essa graduação entre o fortemente visível, palpável, até as coisas que a gente não vê, mas acredita nelas." **GILBERTO GIL**

"Para mim, fé é acreditar que você vai ganhar, que vai vencer, que vai receber mesmo contra todos os prognósticos negativos. Aquele que acredita mesmo diante de toda desesperança ao seu redor tem fé. Porque ter fé quando tudo indica que vai dar certo, eu acho que não é fé; você acreditar quando todos os prognósticos estão a seu favor não é fé. Agora, quando tudo está nebuloso, escuro, no meio da tempestade, aquele sujeito que está em um pedaço de tronco no meio do mar, agarrado nele, com aquelas ondas gigantescas, aquela tempestade horrorosa e o sujeito olha, sorri e diz: 'Eu vou chegar.' Esse tem fé, isso é fé. Eu sou esse sujeito, pode ter a tempestade que for que eu vou me agarrar e vou chegar. Eu sou."

PEDRO SIQUEIRA

"A vida tem que ser levada a sério no melhor sentido.

Sem medo."

MARIA BETHÂNIA

aceitação

A fé leva à aceitação, e a aceitação é um ato de fé.

Às vezes somos surpreendidos por alguns acontecimentos inexplicáveis e queremos de qualquer jeito encontrar uma explicação para nos confortar. Eu acredito que essa explicação existe. Para mim, ela está ligada à fé. É a fé que me dá

respostas.

As águas passam e não cessam de passar, vão mudando sua forma e posição com as variações de maior ou menor energia durante as várias estações do ano. Nós também somos como a água, como o vento e como a chuva:

mudamos,

nos aprimoramos, apuramos nossas vidas, mas só se tivermos fé, é ela que coloca as coisas no lugar. Num bom lugar.

Toda crise é um processo de purificação. Na crise tudo que é postiço cai e só fica o cerne. E a partir do cerne é que se retoma a vida.

Tem dias que acordamos amargos e até desconfiados... Tem dias que me pego sem conseguir aceitar tanta coisa da vida...
É nessas horas que devemos nos agarrar ainda mais a nossa fé sem, contudo, esquecer que a fé também vive em nossa humanidade.

Quando fracassamos ou nos sentimos fracassados, não devemos perder a fé e, sim, nos agarrarmos a ela, porque a fé não mora apenas na vitória.

A fé tem a capacidade de perpassar toda e qualquer diferença.

A fé pode preencher nosso coração
e nos dar muitos motivos pra vencer o hoje,
encarar o amanhã e ser

feliz.

As lágrimas começam a correr sem anunciar. Não existe mais dor anunciada. Não existe mais nada. Só lágrimas. E elas? Elas são. Elas apenas começam a cair e a inundar meu rosto. São leves, transparentes, são como água límpida, não têm gosto de água porque são lágrimas.

Apenas são lágrimas.

Desejo:

ser amada simplesmente pelo que sou. Pela minha alma. Pela minha alegria. Pelo amor que me constitui. Pelo meu jeito de olhar pra vida. Pela minha forma de ser no mundo.

"A gente não precisa de uma provação ou de algo acontecendo na vida para desenvolver a fé. Na verdade as pessoas procuram a religião através da dor ou através do amor. Eu procurei a minha fé sem ter que passar por isso." **ALEXANDRA RICHTER**

"O que nos faz sofrer é o nosso apego, que não é amor, apesar de ser confundido com ele. É necessário que a gente aqui e agora entenda e consiga se relacionar com o sentimento oculto da morte, que consigamos entender a relação dessa passagem que chamamos de vida com o que chamamos de morte. Só então poderemos nos considerar verdadeiramente libertos aqui. Senão, enquanto resistirmos, sofrendo, estranhando isso, tudo o que diz respeito à morte será sofrimento, apenas sofrimento. E ela está do lado da gente o tempo todo. A morte também é a vida. E a vida passa. Tudo é efêmero." **CIRO BARCELOS**

"Quando você busca, mesmo que você sofra, se tiver a paz de espírito, tem tudo."

CLARA MAGALHÃES

"Eu sou uma pessoa que já passei por muitas coisas difíceis, principalmente de relacionamentos. Dores que parecem pequenas, mas que mexem com a gente. E é ali no pé do Santíssimo que eu encontro conforto. Eu entro na igreja em silêncio, às vezes sozinha, no fim da tarde, não tem ninguém, não tem missa, eu me ajoelho e fico ali uma hora. Às vezes choro, mas depois me sinto tão feliz! Aliviada."

ELBA RAMALHO

"Tem gente que não tem fé nenhuma, mas sem essa fé certamente você não teria atravessado o possível maremoto que você passou na sua vida, essa experiência grande e, inclusive, linda. Por mais que possa parecer estranho dizer que é uma coisa linda, houve um crescimento muito grande dentro de você nessa perda. Porque perda todos nós temos; perdemos pai, perdemos mãe. Perdas e ganhos. E é perda porque você tem fé, agora; quem não tem deve entrar em processo de muito desespero, porque a dor, a cruz, é uma coisa que tem que ser compartilhada por todos."

ELBA RAMALHO

"TEM GENTE QUE NÃO ACREDITA

que Deus fala consigo, mas fala. Às vezes pela intuição que você acha que é fantasia. Não é não, é a voz de Deus falando com você. Ele fala numa leitura, numa palavra. Num encontro, Deus fala conosco toda hora. Se sentir merecedora, as pessoas não se sentem merecedoras da palavra de Deus em si."

VIRGÍNIA

"Quando você entende o amor de Deus em toda sua imensidão, e também entende que Ele criou a morte não para sofrimento, mas como uma coisa natural da vida, você pode encontrar o sentido da aceitação e acolher aquela dor sem revolta. Nascer, morrer, é o ciclo da vida. Faz parte da natureza da vida. Enterrar um filho não é normal, mas é uma coisa natural da vida. Só enterramos um filho quando é da vontade de Deus, e, se é Sua vontade, é natural da vida. Difícil, mas simples assim. Deus tem o tempo dele, e o nosso tempo é diferente do Dele."

VIRGÍNIA

"Nada melhor do que a palavra FÉ.
Eu penso que fomos escolhidos, Cissa.
E, como uma pessoa escolhida, a gente
tem essa missão. A palavra que eu
muito ouvi e que eu passo pra você
é merecimento. Você tem merecimento
de passar para os outros o que você vive
e viveu. As pessoas vão se identificar.
Não é ter pena. Eu não tenho pena
de você, eu não tenho pena de mim.
Você foi escolhida."

DUDA RIBEIRO

"A fé ajuda e de vez em quando eu rezo. Rezo Pai Nosso, faço as saudações dos Orixás, esbarrei em Iansã. Quando o trovão gritou ontem, por exemplo, vieram Xangô e veio Iansã, que é a rainha dos raios. 'Rainha dos raios, rainha dos raios, tempo bom, tempo ruim.' E aí vem o nome dela quando o trovão roncou. Tem horas que temos o nosso modo de inserção com a natureza, e, assim como nós, ela nos responde, levando-nos ao nome de Deus. Tem horas que a gente precisa dizer o nome Dele. Em outras horas, não, na paz, por exemplo, a gente sente, mas não precisa dizer Seu nome nem evocá-Lo."

GILBERTO GIL

viver

com

fé

Quando perdemos
a energia e a vitalidade
do tempo, o perfume
da vida não se espalha.

Muito cedo eu entendi que viver com fé seria viver aberta a muitos encontros. Encontros de diversas ordens: com o conhecido e o desconhecido, com o esperado e o inesperado, com o que já fazia parte e com o que já havia partido.

Com a vida e pela vida a gente aprende que viver com fé é algo que ultrapassa e muito o pertencer ou não pertencer a qualquer doutrina religiosa. A fé está para além da religião.

Viver com fé é viver acreditando que não existe sonho impossível.

Sonhar com o impossível.
Acreditar no inacreditável.
Esperar pelo inesperado.
São verdades para quem
vive com fé.

O rio da minha vida é caudaloso, límpido mais do que turvo, tem pedras mas não represas, tem água que corre, corre... O rio da minha vida me faz seguir adiante com muita fé que a vida tem mais amor que dor, mais esperança que tristeza, mais sol que escuridão; menos raiva e mais gentileza, menos tempo ruim e mais tempo bom. O rio da minha vida, apesar das muitas curvas, sempre deságua no mar.

Para mim, o tempo do inconsciente não é um tempo que passa, é um "outro tempo", o tempo da "mistura dos tempos", o tempo do "só depois", o "tempo da ressignificação", o tempo da transitoriedade, da finitude, da fantasia, do que pode vir a ser imortal... Acho mais graça em viver nesses tempos, quer dizer, nas possibilidades do vir a ser desses tempos, de todos esses tempos.

Algumas pessoas percebem
que Deus está dentro de si.
No pulsar do coração,
no tempo de cada respiração
e na descoberta de cada
novo olhar.

Quando se tem fé, se tem a consciência de que somos regidos por forças que transcendem e nos religam com o mundo de Deus... Com a natureza de Deus... Com a certeza de Deus. Um mundo que nos preenche e recria a cada instante, a cada ir e vir, a cada folha que cai e dia que recomeça.

"Carma para nós não é punição ou castigo, mas sim, a consequência de tudo que você faz nesta e nas outras vidas. Buda já dizia, 'quer saber como será o seu futuro? Basta olhar o que você está fazendo no seu presente'." **ALCIO BRAZ**

“Fé é a certeza que dispensa provas.”

ALEXANDRA RICHTER

"Eu não poderia viver sem fé,

sou um espírito muito livre. De certo modo, ela me dá limites e me abre portas, eu posso tudo porque creio. Eu tenho que refrear muitas coisas na minha vida porque creio. É imprescindível. Não gostaria de viver sem fé. Morro de pena quando alguém me diz que não crê em nada. Deve ser uma solidão, mas eu tenho fé." **MARIA BETHÂNIA**

"Com a fé você administra tudo diferente, a alegria, a tristeza, a família, tudo de forma diferente. Os problemas não são para a gente sofrer, mas para a gente crescer. Quando se enfrenta um sofrimento com dignidade, com fé, mais tarde se vê o resultado. A dor não é maior do que o amor."

CLARA MAGALHÃES

"Por que tem que ser a dor para trazer a gente para uma vida maior? Essa relação com Deus, ela nos faz melhores e maiores no sentido da própria existência. Não precisa ser a dor o caminho para que essa coisa consagrada aconteça."

DANIEL CAMAFORTE

"Uma das características básicas da fé é a possibilidade dessa manutenção do elã vital, do gosto de viver, que é no que consiste a fé. A fé é o gosto de viver."

GILBERTO GIL

"A fé não costuma 'faiá'."

GILBERTO GIL

“Nunca, nem o ateu vive sem fé.

Qualquer coisa, você vive com fé.
Se você viver sem fé você é um poste,
não existe. Não existe o contrário de fé,
existe o medo. Deus não criaria o medo,
isso é coisa nossa.” **GILBERTO TORTORELLA**

"Gosto dessa palavra 'entusiasmo' porque ela filologicamente é rica, vem do grego *entheosmos* – ter um Deus dentro (*entheos* é Deus e *mos* é uma terminação). Então, todo mundo tem um entusiasmo. Levantar cada manhã e enfrentar o ônibus, as dificuldades... Você então sentiu esse entusiasmo superando a crise, essa energia que te invade, que não domina e que às vezes te falta. Você se acerca da depressão e da morte, essa realidade para mim é o Deus interior. Deus verdadeiro. Acho que as religiões vivem desse Deus, não é uma doutrina, não são dogmas. Se dogmas e doutrinas existem, se igrejas e religiões existem, é para suscitar essa chama interior e mantê-la viva e para que as pessoas sintam isso."

LEONARDO BOFF

"Quem tem fé não só penetra em zonas que trazem consolo, renovação para vida, como passa a atuar na vida de forma diferente. Você pode ter fé de forma mais corriqueira, a fé verdadeira é próxima à certeza, é uma certeza. As pessoas de fé mais 'involuntária' são chamadas pela espiritualidade para ter esse tipo de atitude em relação a outras coisas que nos cercam, que fazem parte da vida e ainda nos metem medo, como a morte, a doença." **LUIZ AUGUSTO**

"É fé, é perseverança, é coração, reza com coração. Se você reza com o coração e acha que vai ser difícil receber, já era, você não vai receber. Agora, se você tem essa vontade de receber porque tem fé... 'vou receber porque tenho fé'. Deus fala o tempo todo no Evangelho 'a tua fé te salvou', a santidade não é pré-requisito para receber graças." **PEDRO SIQUEIRA**

"As religiões são os caminhos que a gente escolhe para chegar nesse grande amor que é a fé. Que é livre e que a gente fica tentando rotular o tempo todo. Você é de umbanda? Eu estou de umbanda. Não sei na vida anterior, na seguinte, daqui a cinco anos. Minha fé tem sido essa há oito anos e converso com evangélicos, budistas, kardecistas; eu não fecho nada."

GILBERTO TORTORELLA

caminhar com fé

A fé te explica os porquês

e indica os caminhos.

Viver para mim não é para atingir gols, metas, objetivos, mas, sim, para me tornar uma pessoa melhor ao longo do caminho.

Já percorri vários dos caminhos da vida, aliás, inúmeras vezes e com diferentes motivações. Algumas horas apareceram pedras no meio, em outras, um monte de alegrias, mas em nenhum momento os caminhos me pareceram sem sentido.

A fé nos ajuda a enxergar melhor o(s) sentido(s) do nosso caminhar.

A minha vida, como a sua, como a de quase todos, é um contínuo quebrar de pedras. O que faço com as pedras é o que conta: construo palácios? Construo prisões? Construo caminhos?

Quem tem fé
e acredita no mundo
de lá sabe que nunca
está sozinho ao
andar por essa
vida afora.

Andar com fé

não tem hora nem idade. Andar com fé é um estado de espírito, uma escolha de vida, uma forma de olhar para o hoje e de sonhar com o amanhã.

Os caminhos da fé são caminhos onde os encontros sustentam os desencontros e onde o pulsar da vida é maior do que qualquer outro.

Você pode estar nesse ou em outro momento de vida, de trabalho, juventude, mas você tem que ter essa fé no amor, isso é muito bonito.

"Ser pastor é estar com a pessoa na dor dela.

É estar nas alegrias dos aniversários e casamentos e formaturas, mas nas dores dos funerais, dos hospitais, junto com o outro na sua dor. Ser pastor não é ser dono e detentor da verdade, não é ser dono do poder e do saber de Deus. É estar numa jornada, com pessoas que estão junto com você atravessando a vida."

DANIEL CAMAFORTE

“A fé é o que movimenta, é a bengala. Não posso sair e dormir sem ela, não posso criar sem ela, é uma força, uma fortaleza, é como construir uma casa na rocha e não na areia, assim vive o homem de fé.”

ELBA RAMALHO

“Mas penso que, depois de um tempo, a fé se torna um pouco aquilo que minha música diz: ‘Mesmo a quem não tem fé, a fé costuma acompanhar, pelo sim, pelo não.’ Está dito.”

GILBERTO GIL

"A fé não vive sem dúvidas. É como um amigo teólogo do Brasil que esteve no campo de concentração. Viu uma criança sendo enforcada, mas que não morria. E alguém atrás disse: 'Onde está Deus?' Ele respondeu: 'Deus está naquela criança sendo enforcada.' A gente não entende, mas acho que podemos ser generosos e dizer que Deus pode ser mais do que entendemos, não usar a minha razão como critério para enquadrá-Lo. Ele desborda e por isso é mistério. E continua sendo conhecimento. Para o mistério valem apenas o silêncio, a reverência, o respeito, a lágrima e a entrega. Isso é a maior grandeza do ser humano."

LEONARDO BOFF

"A fé é maior do que a percepção dos sentidos. E é mesmo. A fé tem um lado operante muito importante, pois abre campos novos."

LUIZ AUGUSTO

"Eu tenho um santo poderoso que é meu Pai Ogum. Eu tenho. Tenho outro santo que é meu Pai Xangô, caô, quem me ajuda nessa vida corrida é Oxum, nas mandingas que a gente não vê, em coisas que a gente não crê, valei-me meu pai a Totô Obaluaê."

ZECA PAGODINHO

"Tem saída pra todas as coisas, sempre tem uma luz no fim do túnel (...) Deus não nos dá luta que não possamos suportar."

FLORDELIS

"Hoje em dia as coisas não cabem mais em modelos. Então, quando você acha que tem um modelo, já tem que mudar. E a visão da espiritualidade tem que obedecer a isso. Você não tem mais um modelo que fecha as coisas em respostas definitivas, isso é um sonho, uma ilusão que a gente vai ter que abandonar como raça, como humanidade. A raça humana tem que aprender que está em um contexto que cada vez mais surpreende o universo. A era da informação está aí para mostrar que o conhecimento também não para. Os modelos não param então, a realidade não pode ser medida mais pelos padrões antigos, nunca. E os novos têm que ser renovados a cada tempo; o padrão novo hoje deixou de ser novo dois dias atrás. E a espiritualidade pelo lado da fé mais ainda." LUIZ AUGUSTO

“Não é a questão
de haver um além
ou não,

mas você sentir aquela coisa intuitiva, que tem um mistério, uma coisa na vida que te empurra pra frente. Eu sempre me sinto assim em relação à vida."

ALCIO BRAZ

fé

nos

encontros

Com fé não hesitamos que sempre iremos encontrar as verdades da vida.

Minha fé
me conduz
a minha
alma.

Só se pode compartilhar a verdade da fé quando nos sentimos aptos a encontrar a verdade da

alma.

Quem tem fé encontra paz

no viver, no amor,
no outro, no mundo
e dentro de si.

"O amor não tem distância.
O mundo cria surpresas para nós,
mas o amor não tem distância."

CLARA MAGALHÃES

"Os deuses nada mais são que o amor,
essa energia que liga os átomos, as partículas,
que mantêm as nossas células interligadas;
se tirar o amor, isso tudo separa.
Acaba tudo, se dilui."

CIRO BARCELOS

"Em parte, a minha teologia, sobre a qual escrevi em mais de noventa livros (acho que a metade deles foca na espiritualidade), no fundo, nasce desse transfundo inconsciente meu de que Deus não é uma ideia. Temos que fazer a passagem da cabeça para o coração, pois é ele que sente Deus. Uma teologia sobre a qual escrevo e falo só tem valor se o efeito final for entusiasmo, alegria e elevação da vida nas pessoas." **LEONARDO BOFF**

"A fé na presença de Deus tem caráter de mistério, de inefável, então é melhor o silêncio, como o nobre silêncio do Buda, do que a tagarelice dos teólogos que falam, falam, falam e não dizem. Porque Deus não se pode dizer, e, sobre aquilo que não se pode dizer, deve-se calar."

LEONARDO BOFF

"Nós temos que distinguir espiritualidade de religião. A espiritualidade está presente em todos, é o espírito, é a chama interior. E as religiões nascem dessa experiência."

LEONARDO BOFF

"Quando vi a palavra *Deus*, vi uma coisa imensa: dentro da palavra

DEUS

estava 'eu'. Você tira o S e o D e fica EU. Então minha mãe tem razão. Mais tarde, descobri que, se olhasse em separado para o D e o S, poderia visualizar e escutar Ele falando para mim: 'Dentro de si moro Eu'." VIRGÍNIA

"Eu vejo muita gente que faz festa para São Jorge, que vai a procissão, mas que nunca fez uma oração, não sabe nem quem é São Jorge. Eu deixei de fazer festa por isso. Porque tem gente que quer ir só por ir e não pelo santo. Aí junta gente na festa que nem tem ideia do porquê daquela festa. Tem gente que fala que está precisando ir a algum lugar; esse lugar está dentro de você mesmo. Esse lugar está em você, você tem que procurar."

ZECA PAGODINHO

"As pessoas tentam complicar Deus, mas
Deus é uma coisa tão simples, tão simples,
e está pertinho de nós nos dando força...
então é isso que nunca pode faltar:

fé em Deus."

FLORDELIS

fé e alegria

"Na vida tem que ter vontade. Eu sofro, todo mundo sofre. Tenha vontade, tenha gana. São Paulo disse: 'A coroa de louro para os vencedores é para aqueles que combateram o bom combate.' Combateram, não foi entregue de mão beijada. Bola para frente, vai ver qual é! A vida é para isso. Para sofrermos, para sermos felizes, para rir, para chorarmos. São Paulo disse:

‘Eu sei viver
na alegria,
na tristeza,
na pobreza
e na riqueza.’
Essa é a lição.” **PEDRO SIQUEIRA**

Tem uma hora na vida
que quem acredita numa
existência maior
e se coloca no mundo
movido pela fé é capaz
de sentir o nascer de uma

nova
FORÇA,

de uma

nova LUZ.

Um riso de alçar voo, a contagiar mais alegria, a gente traz de uma vida que pode ter sido sofrida. Mas que nunca perdeu a graça porque sempre se teve fé. Fé que trouxe e traz com ela a crença de que somos iluminados por algo do além,

invisível e indizível.

Ter fé é ter uma certeza
enorme de que vale a pena experimentar
a alegria debordante da presença
de algo maior que me entusiasma
e me faz continuar a ser, a cada dia,
uma pessoa melhor e mais satisfeita
com meu jeito de viver.

A alegria tem o som que chama para perto. A alegria atrai mais alegria. Mas, para sorrir, cantar e ser feliz é preciso também de

silêncio

e

reflexão.

Dentro de nós existe a capacidade para a alegria

e a tristeza, para a claridade e a escuridão, para o bem

e o mal, para o certo e o errado. Para ter boas sensações,

bons pensamentos e, por fim, uma vida cheia de alegria

é preciso ter fé. É preciso fechar os olhos para fora

e acordar para dentro.

“Tem muita gente que quer compreender Deus; não queira compreender, ame!

Ame somente, declare seu amor, não precisa compreender."

ELBA RAMALHO

A fé transforma pessoas
que teriam tudo para desistir
da vida em gente que faz questão
de viver mais e melhor, que luta,
supera, e que insiste em

seguir

adiante.

1ª edição Novembro de 2014
papel de miolo Couché fosco 120 g/m²
papel de capa Couché fosco 150 g/m²
tipografia Kepler, Olicana e Futura